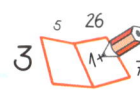

Zahlen bis 1000 darstellen, zählen und ordnen

1 Anna, Leon und ihre Freunde schlendern über den Flohmarkt. An einem Stand mit Bastelmaterial bleiben sie stehen. Sie möchten sich Freundschaftsarmbänder knüpfen. An dem Stand gibt es viele verschiedenfarbige Perlen.

Zu Hause schreiben sie auf, wie viele Perlen sie gekauft haben.
Die Zahlen schreiben die Kinder so:

☐ = Hunderter | = Zehner ○ = Einer

Wie viele Perlen haben die Kinder gekauft?

Anna: ☐ ☐ |||||| ○ ○ _____

Leon: ☐ ☐ ☐ | ○ ○ ○ ○ ○ _____

Adriano: ☐ ☐ ☐ ☐ ☐ || ○ ○ ○ _____

Lea: ☐ ☐ ☐ ☐ ||| ○ ○ ○ ○ ○ ○ ○ ○ ○ _____

Anton: ☐ ☐ ☐ ☐ ☐ ○ ○ ○ ○ _____

Jule: ☐ ☐ ☐ ||||||||| _____

1

2 Anna, Leon und Adriano schreiben dieselbe Zahl verschieden auf:

Anna sagt: „Ich schreibe die Zahl Dreihundertzweiundvierzig so:

☐ ☐ ☐ | | | | ○ ○ ."

Leon sagt: „So geht es am schnellsten: 342."

Adriano sagt: „Man könnte sie aber auch so schreiben: 3H 4Z 2E."

Schreibe die Zahlen verschieden auf und ergänze die folgende Tabelle.

			H	Z	E
☐☐☐☐|○○○○○					
	7H 4Z 2E				
		607			
		fünfhundertdreizehn			
			8	5	0
	9H 6Z 1E				
		siebenhundertneun			
☐☐|||||○○○○○○○○○					

3 In dieses Hunderterfeld gehören die Zahlen von 301 bis 400.

a Wie heißen die grün markierten Zahlen? Schreibe sie richtig in die Kästen.

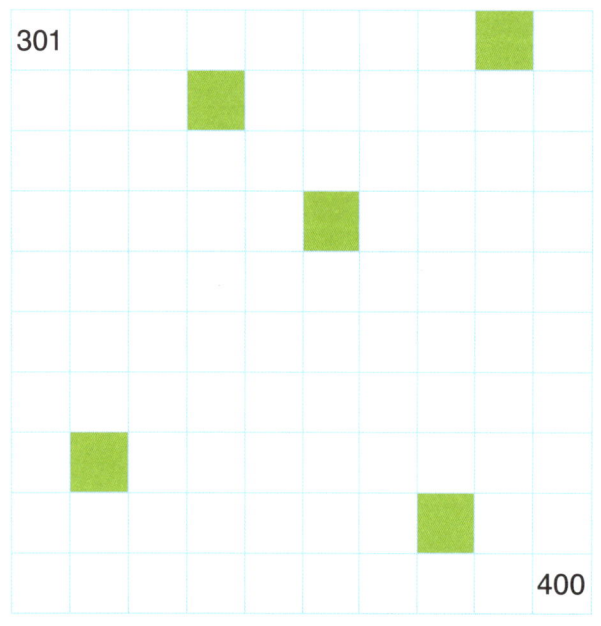

b Zeichne folgende Perlen in die richtigen Felder:
rote Perle bei 363, **blaue** Perle bei 341, **grüne** Perle bei 395,
gelbe Perle bei 307, **lila** Perle bei 366, **orange** Perle bei 380

MATHEMATIK 3. Klasse

Rechnen

LÖSUNGSHEFT

STARK

Zahlen bis 1000 darstellen, zählen und ordnen

1

Anna:	□□					○○	**252**
Leon:	□□□	○○○○○	**315**
Adriano:	□□□□□□		○○○	**523**
Lea:	□□□□□□			○○○○○○○○	**438**
Anton:	□□□□□□□○○○○	**604**
Jule:	□□□								**370**

2

				H	Z	E
□□□□|○○○○○	4 H 1 Z 5 E	415	vierhundertfünfzehn	4	1	5
□□□□□□□||||○○	7 H 4 Z 2 E	742	siebenhundertzweiundvierzig	7	4	2
□□□□□□○○○○○○○	6 H 7 E	607	sechshundertsieben	6	0	7
□□□□□|○○○	5 H 1 Z 3 E	513	fünfhundertdreizehn	5	1	3
□□□□□□□□|||||	8 H 5 Z	850	achthundertfünfzig	8	5	0
□□□□□□□□□|||||○	9 H 6 Z 1 E	961	neunhunderteinundsechzig	9	6	1
□□□□□□○○○○○○○○○	7 H 9 E	709	siebenhundertneun	7	0	9
□□|||||○○○○○○○○	2 H 5 Z 8 E	258	zweihundertachtundfünfzig	2	5	8

3

301				gelb	309	
		314				
			336			
blau						
	rot		lila			
372						orange
				388		
			grün			400

4 a A: 610, B: **630**, C: **670**, D: **680**, E: **720**, F: **740**

      b G: **601**, H: **603**, I: **606**, J: **608**, K: **610**, L: **614**

      c M: 300, N: **320**, O: 350, P: **360**, Q: **390**, R: **410**, S: **440**

      d T: **50**, U: **200**, V: **350**, W: **500**, X: **700**, Y: **850**, Z: **1 000**

5

6 371 $<$ 486   507 $<$ 570   261 $>$ 162   498 $<$ 948

     3 H 6 Z 4 E $=$ 6 Z 4 E 3 H   3 Z 7 E $<$ 3 H 7 Z

     3 E 2 H 9 Z $>$ 9 E 2 H   3 H 4 E 8 Z $>$ 3 H 4 Z 8 E

7 a **306** 307 **308**   **498** 499 **500**   **279** 280 **281**

        445 446 **447**   **799** 800 **801**   **208** 209 **210**

      b **330** 332 **340**   **580** 581 **590**   **630** 637 **640**

        490 496 **500**   **360** 370 **380**   **200** 209 **210**

      c **500** 572 **600**   **200** 238 **300**   **600** 699 **700**

        400 407 **500**   **0** 93 **100**   **600** 700 **800**

8 a **238 < 283 < 328 < 382 < 823 < 832**

H	Z	E
8	**3**	**2**

      b **409 < 490 < 904 < 940**

H	Z	E
9	**4**	**0**

      c Leon hat gewonnen, denn 940 ist größer als 832.

9 a $3E$ $3 \cdot 2Z = 6Z$ $3 \cdot 3H = 9H$
Seine Zahl heißt: **963**

b *Sie kann 158, 185, 518, 581, 815 und 851 bilden. Nur 815 liegt zwischen 800 und 850.*
Ihre Zahl heißt: **815**

c *Die größte dreistellige Zahl ist 999. Sie hat aber 3 gleiche Ziffern. Verändere also die Zehner- und Einerstelle jeweils um 1.*
Seine Zahl heißt: **987**

d **Jule: 851**

10 a   250, 260, 270, **280, 290, 300, 310, 320**
b   500, 550, 600, **650, 700, 750, 800, 850**
c   130, 160, 190, **220, 250, 280, 310, 340**
d   780, 760, 740, **720, 700, 680, 660, 640**
e   1 000, 940, 880, **820, 760, 700, 640, 580**

Halbschriftlich rechnen

11 *Es müssen jeweils nur zwei Lösungswege angegeben werden.*

```
4 8 5 + 2 7 1 = 7 5 6
4 0 0 + 2 0 0 = 6 0 0      4 8 5 +     1 = 4 8 6
  8 0 +   7 0 = 1 5 0      4 8 6 +   7 0 = 5 5 6
    5 +     1 =       6    5 5 6 + 2 0 0 = 7 5 6
                  7 5 6
```

```
4 8 5 + 2 0 0 = 6 8 5
6 8 5 +   8 0 = 7 6 5
7 6 5 -     9 = 7 5 6
```

```
6 0 8 + 3 7 5 = 9 8 3
6 0 0 + 3 0 0 = 9 0 0      6 0 8 +     5 = 6 1 3
    0 +   7 0 =     7 0    6 1 3 +   7 0 = 6 8 3
    8 +     5 =     1 3    6 8 3 + 3 0 0 = 9 8 3
                  9 8 3
```

```
6 0 8 + 3 0 0 = 9 0 8
9 0 8 +   8 0 = 9 8 8
9 8 8 -      5 = 9 8 3


2 6 8 + 5 7 1 = 8 3 9
2 0 0 + 5 0 0 = 7 0 0     2 6 8 +      1 = 2 6 9
  6 0 +   7 0 = 1 3 0     2 6 9 +   7 0 = 3 3 9
    8 +    1 =       9    3 3 9 + 5 0 0 = 8 3 9
                 8 3 9

2 6 8 + 5 0 0 = 7 6 8
7 6 8 +   8 0 = 8 4 8
8 4 8 -      9 = 8 3 9


3 6 2 + 4 9 0 = 8 5 2
3 0 0 + 4 0 0 = 7 0 0     3 6 2 +      0 = 3 6 2
  6 0 +   9 0 = 1 5 0     3 6 2 +   9 0 = 4 5 2
    2 +    0 =       2    4 5 2 + 4 0 0 = 8 5 2
                 8 5 2

3 6 2 + 4 0 0 = 7 6 2
7 6 2 +   9 0 = 8 5 2
8 5 2 -      0 = 8 5 2


5 1 1 + 2 9 3 = 8 0 4
5 0 0 + 2 0 0 = 7 0 0     5 1 1 +      3 = 5 1 4
  1 0 +   9 0 = 1 0 0     5 1 4 +   9 0 = 6 0 4
    1 +    3 =       4    6 0 4 + 2 0 0 = 8 0 4
                 8 0 4

5 1 1 + 2 0 0 = 7 1 1
7 1 1 + 1 0 0 = 8 1 1
8 1 1 -      7 = 8 0 4


1 0 7 + 6 6 8 = 7 7 5
1 0 0 + 6 0 0 = 7 0 0     1 0 7 +      8 = 1 1 5
    0 +   6 0 =    6 0    1 1 5 +   6 0 = 1 7 5
    7 +    8 =     1 5    1 7 5 + 6 0 0 = 7 7 5
                 7 7 5
```

4

```
1 0 7 + 6 0 0 = 7 0 7
7 0 7 +    7 0 = 7 7 7
7 7 7 −       2 = 7 7 5
```

12
```
6 5 1 − 2 1 8 = 4 3 3
6 5 1 −       8 = 6 4 3      6 5 1 − 2 0 0 = 4 5 1
6 4 3 −     1 0 = 6 3 3      4 5 1 −    2 0 = 4 3 1
6 3 3 − 2 0 0 = 4 3 3        4 3 1 +       2 = 4 3 3

5 2 9 − 2 6 4 = 2 6 5
5 2 9 −       4 = 5 2 5      5 2 9 − 2 0 0 = 3 2 9
5 2 5 −     6 0 = 4 6 5      3 2 9 −    7 0 = 2 5 9
4 6 5 − 2 0 0 = 2 6 5        2 5 9 +       6 = 2 6 5

8 4 5 − 3 7 9 = 4 6 6
8 4 5 −       9 = 8 3 6      8 4 5 − 3 0 0 = 5 4 5
8 3 6 −     7 0 = 7 6 6      5 4 5 −    8 0 = 4 6 5
7 6 6 − 3 0 0 = 4 6 6        4 6 5 +       1 = 4 6 6

7 2 0 − 4 3 2 = 2 8 8
7 2 0 −       2 = 7 1 8      7 2 0 − 4 0 0 = 3 2 0
7 1 8 −     3 0 = 6 8 8      3 2 0 −    4 0 = 2 8 0
6 8 8 − 4 0 0 = 2 8 8        2 8 0 +       8 = 2 8 8

6 0 9 − 3 8 5 = 2 2 4
6 0 9 −       5 = 6 0 4      6 0 9 − 3 0 0 = 3 0 9
6 0 4 −     8 0 = 5 2 4      3 0 9 −    9 0 = 2 1 9
5 2 4 − 3 0 0 = 2 2 4        2 1 9 +       5 = 2 2 4

9 1 4 − 5 0 6 = 4 0 8
9 1 4 −       6 = 9 0 8      9 1 4 − 5 0 0 = 4 1 4
9 0 8 −       0 = 9 0 8      4 1 4 −    1 0 = 4 0 4
9 0 8 − 5 0 0 = 4 0 8        4 0 4 +       4 = 4 0 8

4 2 3 − 1 7 2 = 2 5 1
4 2 3 −       2 = 4 2 1      4 2 3 − 1 0 0 = 3 2 3
4 2 1 −     7 0 = 3 5 1      3 2 3 −    8 0 = 2 4 3
3 5 1 − 1 0 0 = 2 5 1        2 4 3 +       8 = 2 5 1
```

```
8 9 4 - 6 3 8 = 2 5 6
8 9 4 -     8 = 8 8 6     8 9 4 - 6 0 0 = 2 9 4
8 8 6 -   3 0 = 8 5 6     2 9 4 -     4 0 = 2 5 4
8 5 6 - 6 0 0 = 2 5 6     2 5 4 +       2 = 2 5 6

7 6 4 - 3 5 1 = 4 1 3
7 6 4 -     1 = 7 6 3     7 6 4 - 3 0 0 = 4 6 4
7 6 3 -   5 0 = 7 1 3     4 6 4 -     6 0 = 4 0 4
7 1 3 - 3 0 0 = 4 1 3     4 0 4 +       9 = 4 1 3

6 3 0 - 3 5 7 = 2 7 3
6 3 0 -     7 = 6 2 3     6 3 0 - 3 0 0 = 3 3 0
6 2 3 -   5 0 = 5 7 3     3 3 0 -     6 0 = 2 7 0
5 7 3 - 3 0 0 = 2 7 3     2 7 0 +       3 = 2 7 3
```

Ergänzen auf 1000

13 $364 + 6 + 30 + 600 = 1000$, also $364 + 636 = 1000$
$328 + 2 + 70 + 600 = 1000$, also $328 + 672 = 1000$
$432 + 8 + 60 + 500 = 1000$, also $432 + 568 = 1000$
$725 + 5 + 70 + 200 = 1000$, also $725 + 275 = 1000$
$247 + 3 + 50 + 700 = 1000$, also $247 + 753 = 1000$
$602 + 8 + 90 + 300 = 1000$, also $602 + 398 = 1000$

14
$637 + 363 = 1000$	$107 + 893 = 1000$
$328 + 672 = 1000$	$583 + 417 = 1000$
$464 + 536 = 1000$	$759 + 241 = 1000$
$560 + 440 = 1000$	$921 + 79 = 1000$
$802 + 198 = 1000$	$83 + 917 = 1000$
$419 + 581 = 1000$	$368 + 632 = 1000$

Runden von Zahlen

15

175 ~ **180**	347 ~ **350**	371 ~ **370**	906 ~ **910**
555 ~ **560**	739 ~ **740**	603 ~ **600**	609 ~ **610**
327 ~ **330**	658 ~ **660**	832 ~ **830**	574 ~ **570**
959 ~ **960**	441 ~ **440**	266 ~ **270**	498 ~ **500**

16

948 ~ **900**	347 ~ **300**	371 ~ **400**	684 ~ **700**
555 ~ **600**	739 ~ **700**	603 ~ **600**	906 ~ **900**
283 ~ **300**	475 ~ **500**	839 ~ **800**	750 ~ **800**
541 ~ **500**	163 ~ **200**	252 ~ **300**	498 ~ **500**

17 a

472 ~ 470	~~739 ~ 730~~	~~603 ~ 613~~	~~906 ~ 900~~
	739 ~ 740	**603 ~ 600**	**906 ~ 910**
788 ~ 790	384 ~ 380	~~266 ~ 260~~	568 ~ 570
		266 ~ 270	

b

~~551 ~ 500~~	699 ~ 700	216 ~ 200	401 ~ 400
551 ~ 600			
382 ~ 400	~~249 ~ 300~~	738 ~ 700	~~769 ~ 700~~
	249 ~ 200		**769 ~ 800**

18 a ~ 670 können die Zahlen **665** bis **674** sein.

~ 120 können die Zahlen **115** bis **124** sein.

b ~ 700 können die Zahlen **650** bis **749** sein.

~ 200 können die Zahlen **150** bis **249** sein.

Schriftlich addieren (+) ohne Übertrag

19 a In der einen Hälfte sind **135** Kängurus.

b In der anderen Hälfte sind **343** Kängurus.

c

H	Z	E			H	Z	E
☐	III	ooooo			1	3	5
+ ☐☐☐	IIII	ooo			+ 3	4	3
☐☐☐☐	IIIIIII	oooooooo			**4**	**7**	**8**

20

H	Z	E
2	1	1
+ 5	3	8
7	**4**	**9**

H	Z	E
3	2	4
+ 4	7	0
7	**9**	**4**

H	Z	E
5	7	1
+ 4	1	7
9	**8**	**8**

H	Z	E
4	2	6
+ 2	0	1
6	**2**	**7**

21

	4	3	6
+		4	1
	4	**7**	**7**

	2	5	7
+	3	1	2
	5	**6**	**9**

	5	1	1
+		8	2
	5	**9**	**3**

	3	2	1
+	4	3	8
	7	**5**	**9**

Schriftlich addieren (+) mit Übertrag

22

H	Z	E			H	Z	E
☐☐	IIII	ooooooo			2	4	7
+ ☐	IIIIII	oooooo			+ 1_16_6		
☐☐☐	IIIIIIIIII	ooooooooo			**4**	**1**	**3**
☐☐☐	☐	I ooo					

23

H	Z	E
3	4	2
+ 1	4_1	9
4	**9**	**1**

H	Z	E
2	6	7
+ 4	2_1	8
6	**9**	**5**

H	Z	E
3	7	9
+ 5	1_1	7
8	**9**	**6**

H	Z	E
1	9	9
+ 3_18_1		7
5	**8**	**6**

24

2 1 4	4 5 3	1 8 9	6 5 3
3 1 7	1 4 6	2 1 9	1 0 2
+ 1 2$_1$2	+ 2$_1$1$_1$4	+ 1$_1$3$_2$2	+ 2 3 3
6 5 3	**8 1 3**	**5 4 0**	**9 8 8**

25

a)

3 5 7	3 5 7
+ 2 3	+ 2$_1$3
5 8 7	3 8 0

Hier wurde nicht auf die richtige Stellenwertschreibung geachtet: Einer unter Einer!

b)

7 5 0	7 5 0
+ 1 9 2	+ 1$_1$ 9 2
8 4 2	9 4 2

Hier wurde die Gemerkt-Zahl 1 bei den Hundertern vergessen.

c)

4 1 9	4 1 9
1 2 4	1 2 4
+ 2 3 9	+ 2 3$_2$9
7 7 2	7 8 2

Die Gemerkt-Zahl bei den Zehnern ist 2.

26

2 1 6	3 7 2	5 9 9
+ 7$_1$5	+ 1 0$_1$8	+ $_1$3$_1$2
2 9 1	**4 8 0**	**6 3 1**

1 7 3	3 3 8	9 8
7 6	1 3	1 4 5
+ 2$_1$0$_1$9	+ 1 1$_1$8	+ 4$_1$3$_2$9
4 5 8	**4 6 9**	**6 8 2**

27

3 2 7	5 0 9	2 6 7	3 9 9
+ 4 5 0	+ 4$_1$9	+ 7 1 2	+ 6$_1$0$_1$1
7 7 7	**5 5 8**	**9 7 9**	**1 0 0 0**

2 1 6	5 6 8	3 6 9	4 4 8
+ 6 3 2	+ 4 2 0	+ 6 1$_1$5	+ 3 0$_1$9
8 4 8	**9 8 8**	**9 8 4**	**7 5 7**

2 0 8	2 7 0	4 1 9	8 1 4
+ 5$_1$9$_1$8	+ 2$_1$3 9	+ 3$_1$9$_1$9	+ $_1$9$_1$8
8 0 6	**5 0 9**	**8 1 8**	**9 1 2**

2 8 1	5 3 0	2 1 7	4 3 8
+ 1 0$_1$9	+ 2 5 9	+ 4$_1$8$_1$5	+ 2 1 0
3 9 0	**7 8 9**	**7 0 2**	**6 4 8**

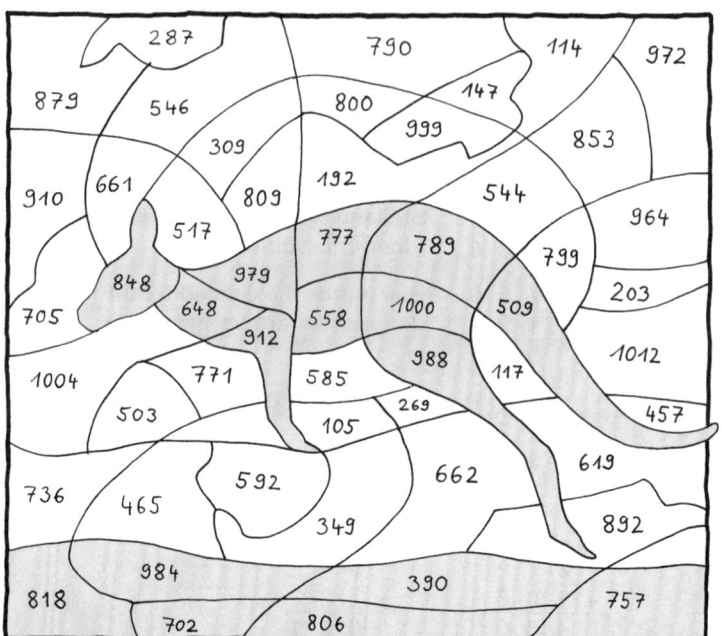

28 a **32 + 97 = 129**
Die Zahl heißt: **129**

b **8 + 8 = 16**
512 + 16 = 528
Die Zahl heißt: **528**

29

```
  6 2 4        5 2 1        7 4 5        5 5 2
+ 1 4 2      + 4 4 8      + 1₁6 2      + 3 4 7
  7 6 6        9 6 9        9 0 7        8 9 9
```

30

```
  1 5        3 0        1 5
+ 1₁5      + 3 0        3 0
  3 0        6 0      +₁6 0
                        1 0 5
```

Sie hat **15** blaue, **30** grüne und **60** rote Murmeln.

Schriftlich subtrahieren (−) ohne Übertrag

31 a

H Z E	H Z E	H Z E	H Z E
7 5 7	8 6 2	7 9 4	5 3 6
− 5 4 2	− 7 2 1	− 4 7 0	− 3 0 5
2 1 5	**1 4 1**	**3 2 4**	**2 3 1**

H Z E	H Z E	H Z E	H Z E
6 4 9	9 2 5	4 5 1	3 8 7
− 5 2 5	− 6 1 4	− 2 3 0	− 1 6 4
1 2 4	**3 1 1**	**2 2 1**	**2 2 3**

b

6 4 8	5 0 7	7 8 4	6 8 9	4 9 7
− 4 2 5	− 2 0 4	− 5 7 1	− 2 5 3	− 1 7 1
2 2 3	**3 0 3**	**2 1 3**	**4 3 6**	**3 2 6**

5 6 9	9 7 6	4 8 3	8 2 9	5 4 8
− 3 1 5	− 6 2 5	− 1 6 1	− 4 0 6	− 2 2 3
2 5 4	**3 5 1**	**3 2 2**	**4 2 3**	**3 2 5**

3 5 1	8 2 9	5 3 1	7 9 8	5 0 8
− 2 1 0	− 4 1 6	− 1 2 1	− 4 7 3	− 1 0 3
1 4 1	**4 1 3**	**4 1 0**	**3 2 5**	**4 0 5**

Schriftlich subtrahieren (−) mit Übertrag

32

H Z E	H Z E	H Z E
5 6ᵢ 3	7ᵢ 2 6	8 5ᵢ 2
− 3 4 6	− 2 6 1	− 3 4 4
2 1 7	**4 6 5**	**5 0 8**

H Z E	H Z E	H Z E
9 7ᵢ 1	4ᵢ 3ᵢ 2	3ᵢ 3 7
− 7 4 5	− 5 9	− 1 8 1
2 2 6	**3 7 3**	**1 5 6**

33

6 1 5	7 3 2	8 4 6	9 4 2
− 3 6 2	− 8 4	− 5 9 8	− 7 4 7
2 5 3	6 4 8	2 4 8	1 9 5

34

```
H Z E
8 0 0
-5 7 2
─────
2 2 8
```

0 E − 2 E geht nicht! Ich muss **eins entbündeln**.
Dann rechne ich **10** minus **2** gleich **8, 8** an.
0 minus **1** minus **7** geht nicht, **eins entbündeln**.
10 minus **1** minus **7** gleich **2, 2** an.
8 minus **1** minus **5** gleich **2, 2** an.

35

6 8 9	3 8 6	7 0 4	9 5 7	7 4 2
− 5 9 3	− 1 5 8	− 4 8 6	− 6 8 9	− 3 8 6
9 6	2 2 8	2 1 8	2 6 8	3 5 6

6 0 2	7 8 0	8 2 4	5 6 7	3 1 2
− 3 7 4	− 5 9 6	− 5 5 7	− 1 9 8	− 1 9 1
2 2 8	1 8 4	2 6 7	3 6 9	1 2 1

36 a

5 0 1	7 1 4	6 0 0	8 1 3
− 2 6 4	− 3 6 7	− 4 7 1	− 6 9
2 3 7 ✓	~~4 5 3~~	1 2 9 ✓	~~1 2 3~~
	3 4 7		7 4 4

9 5 7	7 9 3	9 0 5	5 9 1
− 4 9 2	− 5 6 7	− 2 5 7	− 2 5 3
4 6 5 ✓	2 ~~3~~ 6	6 4 8 ✓	3 ~~4~~ 8
	2		3

6 4 5	8 0 7
− 2 9 8	− 2 0 9
3 4 7 ✓	~~6 0~~ 8
	5 9

b 2. Rechnung: Falsche Rechenrichtung, zweimal wurde von unten nach oben gerechnet.
4. Rechnung: Die Zahlen wurden falsch untereinandergeschrieben.
6. und 8. Rechnung: Es wurde nicht notiert, dass 1 Z entbündelt wurde.
10. Rechnung: Die entbündelten H und Z wurden nicht notiert.

37 **a** *„Abziehen" heißt: Rechne minus.*

```
    6₁ 2  9
  – 4  8  7
  ─────────
    1  4  2
```

Die Zauberzahl heißt: **142**

b
```
    7₁ 6  9        2  7₁ 6
  – 4  9  3      – 1  4  7
  ─────────      ─────────
    2  7  6        1  2  9
```

Die Zauberzahl heißt: **129**

38
```
    5  6  3
  – 2  3  1
  ─────────
    3  3  2
```

Antwort: **Roberts Freund muss noch 332 Seiten lesen.**

39

Antwort:
Nein, das stimmt nicht. Robert hat noch mehr als 100 Seiten zu lesen.

40

40	+	27	=	67
+		−		+
16	−	4	=	12
=		=		=
56	+	23	=	79

44	−	5	=	39
−		+		−
12	+	9	=	21
=		=		=
32	−	14	=	18

41

```
  1,5 0        8 0          1 4 0
 −  7 0      +₁2 0        − 1 0 0
 ──────      ─────        ───────
    8 0      1 0 0            4 0
```

◆ = 80   ✳ = 40

Das Einmaleins – Verdoppeln, Kernaufgaben und Nachbaraufgaben

42

1 · 4 = 4	2 · 4 = 8	5 · 4 = 20	10 · 4 = 40
1 · 5 = 5	2 · 5 = 10	5 · 5 = 25	10 · 5 = 50
1 · 6 = 6	2 · 6 = 12	5 · 6 = 30	10 · 6 = 60
1 · 7 = 7	2 · 7 = 14	5 · 7 = 35	10 · 7 = 70
1 · 8 = 8	2 · 8 = 16	5 · 8 = 40	10 · 8 = 80
1 · 9 = 9	2 · 9 = 18	5 · 9 = 45	10 · 9 = 90
1 · 10 = 10	2 · 10 = 20	5 · 10 = 50	10 · 10 = 100

43

a	1 · 4 = 4	2 · 4 = 8	3 · 4 = 12	4 · 4 = 16
b	3 · 5 = 15	4 · 5 = 20	5 · 5 = 25	6 · 5 = 30
c	1 · 10 = 10	2 · 10 = 20	3 · 10 = 30	4 · 10 = 40
d	5 · 7 = 35	6 · 7 = 42	7 · 7 = 49	8 · 7 = 56
e	3 · 6 = 18	4 · 6 = 24	5 · 6 = 30	6 · 6 = 36
f	1 · 2 = 2	2 · 2 = 4	3 · 2 = 6	4 · 2 = 8
g	5 · 3 = 15	6 · 3 = 18	7 · 3 = 21	8 · 3 = 24
h	5 · 8 = 40	6 · 8 = 48	7 · 8 = 56	8 · 8 = 64
i	5 · 2 = 10	6 · 2 = 12	7 · 2 = 14	8 · 2 = 16
j	6 · 1 = 6	7 · 1 = 7	8 · 1 = 8	9 · 1 = 9

Das Einmaleins – Tauschaufgaben und Umkehraufgaben

44
$2 \cdot 5 = 10$	$10 : 5 = 2$	$6 \cdot 8 = 48$	$48 : 8 = 6$
$5 \cdot 2 = 10$	$10 : 2 = 5$	$8 \cdot 6 = 48$	$48 : 6 = 8$
$7 \cdot 4 = 28$	$28 : 4 = 7$	$9 \cdot 8 = 72$	$72 : 8 = 9$
$4 \cdot 7 = 28$	$28 : 7 = 4$	$8 \cdot 9 = 72$	$72 : 9 = 8$

45
a	b	c	d
$2 \cdot 8 = 16$	$7 \cdot 2 = 14$	$3 \cdot 9 = 27$	$4 \cdot 8 = 32$
$16 : 8 = 2$	$14 : 2 = 7$	$27 : 9 = 3$	$32 : 8 = 4$
$8 \cdot 2 = 16$	$2 \cdot 7 = 14$	$9 \cdot 3 = 27$	$8 \cdot 4 = 32$
$16 : 2 = 8$	$14 : 7 = 2$	$27 : 3 = 9$	$32 : 4 = 8$

Teiler, Primzahlen und Vielfache

46　a　$10 : 1 = 10$　$10 : 2 = 5$　$10 : 5 = 2$　$10 : 10 = 1$
Die Teiler von 10 heißen: **1, 2, 5, 10**

　　b　$18 : 1 = 18$　$18 : 2 = 9$　$18 : 3 = 6$　$18 : 6 = 3$　$18 : 9 = 2$　$18 : 18 = 1$
Die Teiler von 18 heißen: **1, 2, 3, 6, 9, 18**

47　a　1　4　⑧　10　⑯　23　㊵　53　㊾　㊿
Korrektur: 1　4　⑧　10　⑯　23　㊵　53　⑧⓪　⑧⑧

　　b　*Lösungsvorschlag:*
6, 12, 18, 24, 30

48　*Lösungsvorschlag:*
1, 2, 3, 5, **7, 11, 13, 17, 19, 23**

Multiplizieren und Dividieren mit Vielfachen von 10

49 Rechnung: **10 · 25 = 250**
Antwort: **An einem Tag werden 250 Croissants gebacken.**

50
36 · 10 = **360**	100 · 4 = **400**	3 · 100 = **300**
99 · 10 = **990**	11 · 10 = **110**	92 · 10 = **920**
9 · 100 = **900**	86 · 10 = **860**	28 · 10 = **280**
10 · 100 = **1 000**	2 · 100 = **200**	44 · 10 = **440**

51 Rechnung: **150 : 10 = 15**
Antwort: **An einem Tag werden 15 Bleche Baguettes gebacken.**

52
990 : 10 = **99**	630 : 10 = **63**	200 : 10 = **20**
800 : 10 = **80**	500 : 100 = **5**	600 : 100 = **6**
150 : 10 = **15**	900 : 100 = **9**	510 : 10 = **51**
200 : 100 = **2**	900 : 10 = **90**	100 : 10 = **10**

Übrig bleibt die Zahl: **7**

53
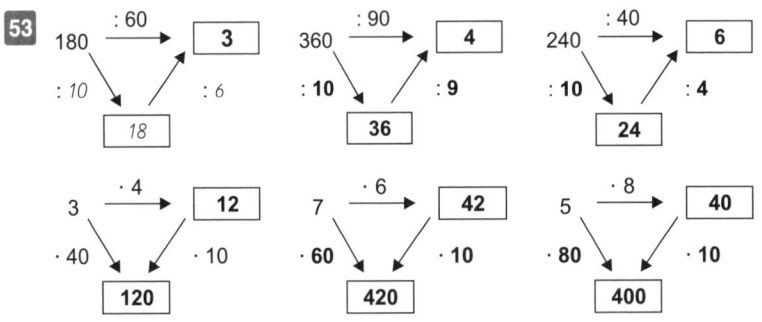

54

·	10	20	30	40	50	60	70	80	90	100
1	10	20	30	40	50	60	70	80	90	100
2	20	40	60	80	100	120	140	160	180	200
3	30	60	90	120	150	180	210	240	270	300
4	40	80	120	160	200	240	280	320	360	400
5	50	100	150	200	250	300	350	400	450	500
6	60	120	180	240	300	360	420	480	540	600
7	70	140	210	280	350	420	490	560	630	700
8	80	160	240	320	400	480	560	640	720	800
9	90	180	270	360	450	540	630	720	810	900
10	100	200	300	400	500	600	700	800	900	1000

55

540 : 60	360 : 9	4 · 70	3 · 80	8 · 70
9 · 60	9 · 40	280 : 4	240 : 3	560 : 8
60 · 9	40 · 9	280 : 70	240 : 80	560 : 70
540 : 9	360 : 90	70 · 4	80 · 3	70 · 8
7 · 90	720 : 80	40 · 8	480 : 6	5 · 70
90 · 7	9 · 80	8 · 40	480 : 80	350 : 7
630 : 7	80 · 9	320 : 40	80 · 6	350 : 50
630 : 90	720 : 9	320 : 8	60 · 8	70 · 5
6 · 70				
70 · 6				
420 : 70				
420 : 6				

Dividieren mit Rest

56 Rechnung: **33 : 9 = 3 R 6**
Antwort: **Es können 3 Schachteln ganz gefüllt werden.**
               6 Croissants bleiben übrig.

57

24 : 8 = *3*	25 : 5 = **5**	72 : 9 = **9**
29 : 8 = *3 R5*	28 : 5 = **5 R 3**	80 : 9 = **9 R 8**
42 : 7 = 6	**27 : 9 = 3**	**16 : 8 = 2**
47 : 7 = **6 R 5**	33 : 9 = **3 R 6**	23 : 8 = **2 R 7**
25 : 5 = 5	**36 : 4 = 9**	**20 : 2 = 10**
29 : 5 = **5 R 4**	39 : 4 = **9 R 3**	21 : 2 = **10 R 1**
48 : 8 = 6	**24 : 6 = 4**	**18 : 3 = 6**
53 : 8 = **6 R 5**	26 : 6 = **4 R 2**	20 : 3 = **6 R 2**

58

131 : 3 = **43 R 2**	134 : 6 = **22 R 2**	129 : 4 = **32 R 1**
120 : 3 = *40*	120 : 6 = **20**	120 : 4 = 30
9 : 3 = *3*	12 : 6 = **2**	8 : 4 = **2**
Rest = *2*	Rest = **2**	Rest = **1**
513 : 5 = **102 R 3**	677 : 8 = **84 R 5**	647 : 7 = **92 R 3**
500 : 5 = 100	**640 : 8 = 80**	**630 : 7 = 90**
10 : 5 = 2	**32 : 8 = 4**	**14 : 7 = 2**
Rest = 3	**Rest = 5**	**Rest = 3**

Gemischte Aufgaben

59

250 + 50 **(<)** 350 − 40		730 − 50 **(=)** 610 + 70
300 **310**		**680** **680**
263 + 40 **(=)** 373 − 70		459 − 90 **(>)** 307 + 50
303 **303**		**369** **357**
526 − 40 − 9 **(<)** 395 + 80 + 3		521 − 318 **(<)** 842 − 637
477 **478**		**203** **205**

60
234 + 3 · 4 = **246**
879 − 5 · 4 = **859**
4 · 60 + 28 = **268**
3 · 9 + 8 · 2 + 500 = **543**
420 + 9 · 6 − 3 · 8 = **450**

67 + 5 · 50 = **317**
365 − 7 · 9 = **302**
847 − 7 · 3 = **826**
850 − 7 · 5 − 4 · 4 = **799**
6 · 8 + 240 − 2 · 9 = **270**

503 + 7 · 8 = **559**
489 − 3 · 6 = **471**
551 + 8 · 5 = **591**
7 · 40 + 89 = **369**
238 − 7 · 9 = **175**

61
120 : 6 = **20**
12 : 6 = **2**

630 : 7 = **90**
63 : 7 = **9**

300 : 6 = **50**
30 : 6 = **5**

270 : 9 = **30**
27 : 9 = 3

150 : 3 = **50**
15 : 3 = 5

120 : 2 = **60**
12 : 2 = 6

450 : 9 = **50**
30 · 5 = **150**
420 : 7 = **60**
420 : 60 =   **7**

810 : 90 =   **9**
6 · 70 = **420**
180 : 2 = **90**
80 · 2 = **160**

640 : 80 =   **8**
9 · 30 = **270**
210 : 30 =   **7**

Welches Ergebnis erhältst du?
60 + 80 + 220 + 14 = **374**

Notizen

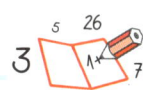

4 Ordne jedem Buchstaben die richtige Zahl zu.
Achte dabei auf die Einteilung des Zahlenstrahls!

Durch die vorgegebenen Zahlen erkennst du die Einteilung des **Zahlenstrahls**.

Beispiel:
Sind zwischen 600 und 700 zehn Striche, steht jeder Strich für einen Zehner.
Hier kannst du nur glatte Zehnerzahlen genau angeben.
Sind die zehn Striche zwischen 600 und 610, handelt es sich um eine Einteilung in Einerschritte.

a Ⓐ Ⓑ   Ⓒ Ⓓ   Ⓔ   Ⓕ

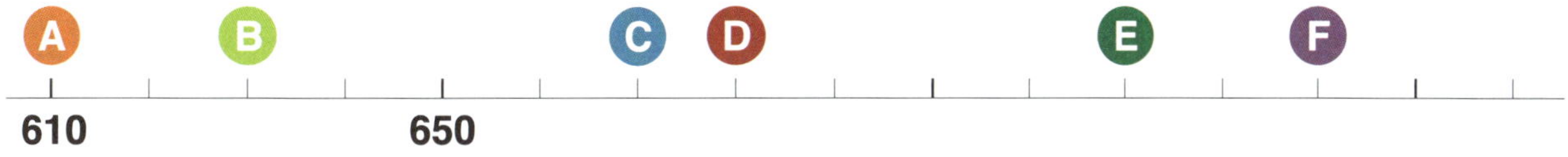

610   **650**

A: _____   B: _____   C: _____   D: _____   E: _____   F: _____

b   Ⓖ   Ⓗ   Ⓘ   Ⓙ   Ⓚ   Ⓛ

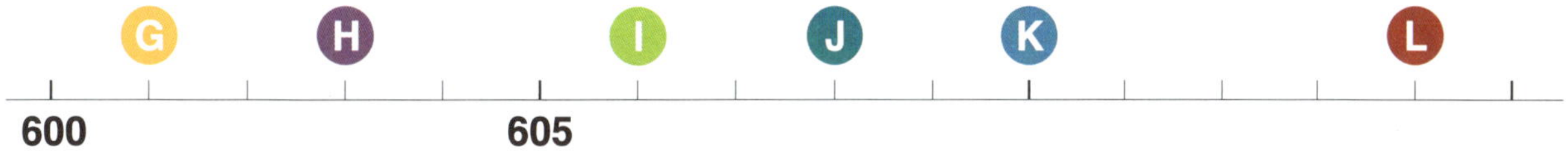

600   **605**

G: _____   H: _____   I: _____   J: _____   K: _____   L: _____

c Ⓜ   Ⓝ   Ⓞ Ⓟ   Ⓠ   Ⓡ   Ⓢ

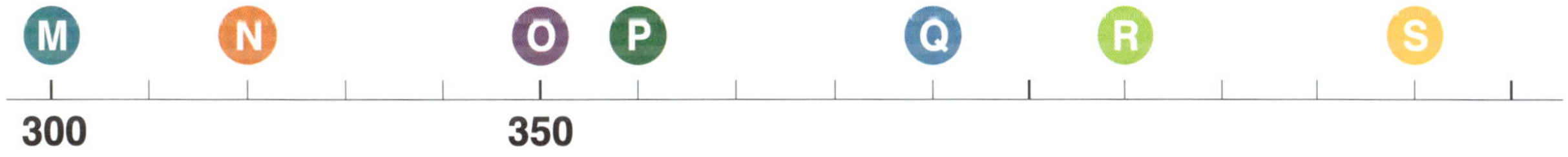

300   **350**

M: _____   N: _____   O: _____   P: _____   Q: _____   R: _____   S: _____

d   Ⓣ   Ⓤ   Ⓥ   Ⓦ   Ⓧ   Ⓨ   Ⓩ

0   100   **500**

T: _____   U: _____   V: _____   W: _____   X: _____   Y: _____   Z: _____

5 Ergänze die fehlenden Zahlen in der Rechenschlange.

6 Vergleiche die Zahlen und setze richtig ein: <, >, =

Mit dem **Größerzeichen** (>), dem **Kleinerzeichen** (<) und dem **Istgleichzeichen** (=) kannst du Zahlen oder Rechenausdrücke vergleichen.

Beispiel:

5 < 7   5 > 3   5 = 5
5 ist **kleiner als** 7.   5 ist **größer als** 3.   5 ist **gleich** 5.

371 ◯ 486   507 ◯ 570   261 ◯ 162   498 ◯ 948

3H 6Z 4E ◯ 6Z 4E 3H   3Z 7E ◯ 3H 7Z

3E 2H 9Z ◯ 9E 2H   3H 4E 8Z ◯ 3H 4Z 8E

Tipp!
Schau zuerst auf den Hunderter.
Wenn dieser bei beiden Zahlen gleich ist, vergleiche die Zehner, dann die Einer.

7 Nachbarn gesucht!

a Finde zu folgenden Zahlen die Einernachbarn.

_____ 307 _____   _____ 499 _____   _____ 280 _____

_____ 446 _____   _____ 800 _____   _____ 209 _____

b Finde zu folgenden Zahlen die Zehnernachbarn.

Ein **Zehnernachbar** ist immer eine glatte Zehnerzahl, ein **Hunderternachbar** ist immer eine glatte Hunderterzahl.

Beispiel:
521
Zehnernachbarn: 520 und 530
Hunderternachbarn: 500 und 600

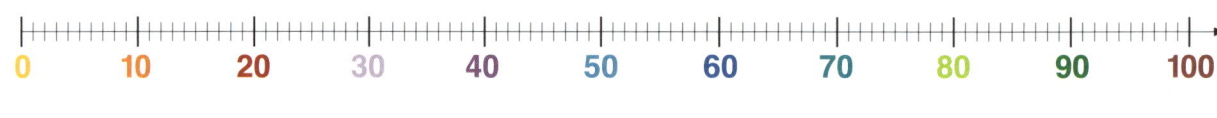

_____ 332 _____   _____ 581 _____   _____ 637 _____

_____ 496 _____   _____ 370 _____   _____ 209 _____

c Finde zu folgenden Zahlen die Hunderternachbarn.

_____ 572 _____   _____ 238 _____   _____ 699 _____

_____ 407 _____   _____ 93 _____   _____ 700 _____

8 Anna und Leon spielen „Hausnummern würfeln". Bei diesem Spiel gewinnt derjenige, der die höchste Zahl erwürfelt.

a Anna würfelt eine 3, eine 2 und eine 8.
Welche Zahlen kann sie mit diesen Ziffern bilden?

Ordne die Zahlen der Größe nach und trage die größte in Annas Kästchen ein.

H	Z	E

_____

b Leon würfelt eine 4, eine 0 und eine 9.
Verfahre ebenso wie bei Anna.

H	Z	E

_____

c Wer hat also gewonnen? _____

9 Adriano, Jule und Anton spielen nun auch mit. Kannst du herausfinden, welche Zahlen sie gewürfelt haben?

a Adriano: „Meine Zahl hat drei Einer, doppelt so viele Zehner und dreimal so viele Hunderter."

Seine Zahl heißt: _____

b Jule: „Meine Zahl besteht aus den Ziffern 1, 5, 8. Sie ist größer als 800, aber kleiner als 850."

Ihre Zahl heißt: _____

c Anton: „Meine Zahl ist die größte dreistellige Zahl mit unterschiedlichen Ziffern."

Seine Zahl heißt: _____

d Wer hätte mit seinen Ziffern welche größere Zahl bilden können? _____

10 Setze die Reihen fort.

a 250, 260, 270, _____, _____, _____, _____, _____

b 500, 550, 600, _____, _____, _____, _____, _____

c 130, 160, 190, _____, _____, _____, _____, _____

d 780, 760, 740, _____, _____, _____, _____, _____

e 1 000, 940, 880, _____, _____, _____, _____, _____

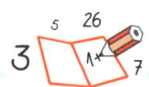
Halbschriftlich rechnen

11 Am Abend zählen die Kinder die Perlen, die sie noch nicht für ihre Freundschaftsbänder verbraucht haben. Leon: „Ich habe noch 213 Perlen und Anna hat noch 129 Perlen."
Adriano: „Wie viele Perlen sind das denn zusammen?"

Schwierigere Plusaufgaben kannst du zerlegen, um sie einfacher zu rechnen.
Es gibt mehrere Möglichkeiten, wie du die Aufgabe zerlegen kannst.

Beispiel:
213 + 129

1. Möglichkeit:
   Du zählst zuerst die **Hunderter** beider Zahlen,   200 + 100 = 300
   dann die **Zehner** beider Zahlen   10 + 20 = 30
   und zum Schluss die **Einer** zusammen.   3 + 9 = 12
   Die einzelnen Ergebnisse addierst (+) du.   342

2. Möglichkeit:
   Du addierst zur 1. Zahl erst die **Einer** der 2. Zahl,   213 + 9 = 222
   dann die **Zehner**   222 + 20 = 242
   und zum Schluss die **Hunderter**.   242 + 100 = 342

3. Möglichkeit:
   Du addierst zur 1. Zahl die **Hunderter** der 2. Zahl.   213 + 100 = 313
   Die Zehner und Einer ergänzt du zum nächsten
   vollen Zehner.   313 + 30 = 343
   Dann musst du das, was du **zu viel** addiert hast,
   wieder abziehen.   343 − 1 = 342

Rechne mit einem Weg. Überprüfe das Ergebnis auf einem Nebenblatt mit einem anderen Rechenweg.

4 8 5 + 2 7 1 =	6 0 8 + 3 7 5 =
2 6 8 + 5 7 1 =	3 6 2 + 4 9 0 =
5 1 1 + 2 9 3 =	1 0 7 + 6 6 8 =

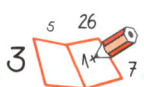

12 Auch beim Subtrahieren (–) gibt es verschiedene Möglichkeiten.

Auch beim Abziehen kannst du die Aufgaben zerlegen, um sie einfacher zu rechnen.
Es gibt wieder mehrere Möglichkeiten, wie du die Aufgaben zerlegen kannst.

Beispiel:
345 – 128

1. Möglichkeit:
   Du ziehst von der 1. Zahl die **Einer** der 2. Zahl ab.   345 – **8** = 337
   Vom Ergebnis ziehst du die **Zehner** der 2. Zahl ab   337 – **20** = 317
   und wieder vom Ergebnis die **Hunderter**.   317 – **100** = 217

2. Möglichkeit:
   Du ziehst von der 1. Zahl die **Hunderter** der 2. Zahl ab.   345 – **100** = 245
   Die Zehner und Einer der 2. Zahl ergänzt du auf den
   nächsten **vollen Zehner** und ziehst ihn ab.   245 – **30** = 215
   Dann addierst du zum Ergebnis das, was du zuvor
   zu viel abgezogen hast.   215 + **2** = 217

Rechne nun selbst. Kontrolliere dein Ergebnis auf einem Nebenblatt durch den zweiten
Lösungsweg.

651 – 218 =   529 – 264 =

845 – 379 =   720 – 432 =

609 – 385 =   914 – 506 =

423 – 172 =   894 – 638 =

764 – 351 =   630 – 357 =

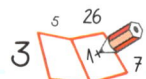

Ergänzen auf 1 000

Adriano überlegt am Abend: „Ich habe 523 Perlen gekauft und Leon 315 Perlen.
Das sind zusammen doch sicher fast 1 000 Perlen."
Die Kinder rechnen nach: 523 + 315 = 838
Leon ruft schnell: „Da fehlen noch 162 Perlen bis 1 000."
Die anderen sind verblüfft: „Wie konntest du das denn so schnell ausrechnen?"
„Ist doch ganz leicht!", antwortet Leon.

Beim **Ergänzen** gehst du schrittweise vor.

Beispiel:
Ergänze 838 auf 1 000.

Ergänze zuerst auf den nächsten Zehner.	838 + 2 = 840
Rechne von dort aus zum nächsten Hunderter.	840 + 60 = 900
Ergänze von dort aus auf 1 000.	900 + 100 = 1 000

13 Rechne nun selbst. Ergänze zuerst schrittweise.

364 + _____ + _____ + _____ = 1 000, also 364 + _____ = 1 000

328 + _____ + _____ + _____ = 1 000, also 328 + _____ = 1 000

432 + _____ + _____ + _____ = 1 000, also 432 + _____ = 1 000

725 + _____ + _____ + _____ = 1 000, also 725 + _____ = 1 000

247 + _____ + _____ + _____ = 1 000, also 247 + _____ = 1 000

602 + _____ + _____ + _____ = 1 000, also 602 + _____ = 1 000

14 Jetzt kannst du die Zwischenschritte sicher schon im Kopf rechnen.

637 + _____ = 1 000   107 + _____ = 1 000

328 + _____ = 1 000   583 + _____ = 1 000

464 + _____ = 1 000   759 + _____ = 1 000

560 + _____ = 1 000   921 + _____ = 1 000

802 + _____ = 1 000   83 + _____ = 1 000

419 + _____ = 1 000   368 + _____ = 1 000

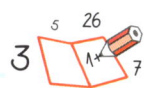

Runden von Zahlen

Anna kauft auf dem Flohmarkt Perlen für neue Armbänder. Sie fragt den Verkäufer, wie viele Perlen sie für drei Armbänder braucht. „Du brauchst pro Armband ungefähr 250 Perlen", antwortet der Verkäufer.

Nicht immer ist es notwendig, die genaue Anzahl zu kennen. Mit gerundeten Zahlen kannst du eine Überschlagsrechnung bilden und das Ergebnis abschätzen.

Bei den Ziffern 0, 1, 2, 3 und 4 wird **abgerundet**, bei den Ziffern 5, 6, 7, 8, und 9 wird **aufgerundet**.
Mit dem Zeichen „~" zeigst du an, dass die Zahl „ungefähr" so groß ist.
Willst du auf Zehner runden, entscheidet die Einerstelle, ob auf- oder abgerundet wird.
Willst du auf Hunderter runden, entscheidet die Zehnerstelle.

Beispiele:
114 gerundet auf Zehner: 114 ~ 110   187 gerundet auf Zehner: 187 ~ 190
114 gerundet auf Hunderter: 114 ~ 100   187 gerundet auf Hunderter: 187 ~ 200

15 Runde auf Zehner. Achte dabei auf die Einer.

175 ~ _____   347 ~ _____   371 ~ _____   906 ~ _____

555 ~ _____   739 ~ _____   603 ~ _____   609 ~ _____

327 ~ _____   658 ~ _____   832 ~ _____   574 ~ _____

959 ~ _____   441 ~ _____   266 ~ _____   498 ~ _____

16 Runde auf Hunderter. Achte dabei auf die Zehner.

948 ~ _____   347 ~ _____   371 ~ _____   684 ~ _____

555 ~ _____   739 ~ _____   603 ~ _____   906 ~ _____

283 ~ _____   475 ~ _____   839 ~ _____   750 ~ _____

541 ~ _____   163 ~ _____   252 ~ _____   498 ~ _____

17 Entscheide, ob Anna richtig gerundet hat.
Streiche die falschen Aufgaben durch und verbessere sie.

a Hier wurde auf Zehner gerundet.

472 ~ 470   739 ~ 730   603 ~ 613   906 ~ 900

_____   _____   _____   _____

788 ~ 790   384 ~ 380   266 ~ 260   568 ~ 570

_____   _____   _____   _____

b Hier wurde auf Hunderter gerundet.

551 ~ 500   699 ~ 700   216 ~ 200   401 ~ 400

_____   _____   _____   _____

382 ~ 400   249 ~ 300   738 ~ 700   769 ~ 700

_____   _____   _____   _____

18 Welche Zahlen könnten gerundet worden sein?

a Hier wurde auf Zehner gerundet.

Beispiel:
~ 250   können die Zahlen 245 bis 254 sein.

~ 670   können die Zahlen _____ bis _____ sein.

~ 120   können die Zahlen _____ bis _____ sein.

b Hier wurde auf Hunderter gerundet.

~ 700   können die Zahlen _____ bis _____ sein.

~ 200   können die Zahlen _____ bis _____ sein.

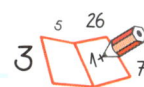
Schriftlich addieren (+) ohne Übertrag

19 Leon war in den großen Ferien mit seinem Vater in Australien. Zwei Tage lang waren sie im Kakadu-Nationalpark unterwegs und haben viele wilde Tiere gesehen. Ein Wächter erzählte ihnen, dass er den Park in zwei Hälften geteilt hat, damit er die riesige Fläche besser überblicken und die Kängurus leichter zählen kann.

a Wie viele Kängurus hat der Wächter in der einen Hälfte gezählt?

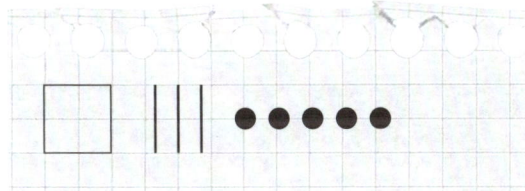

In der einen Hälfte sind

_____ Kängurus.

b Wie viele Kängurus hat der Wächter in der anderen Hälfte gezählt?

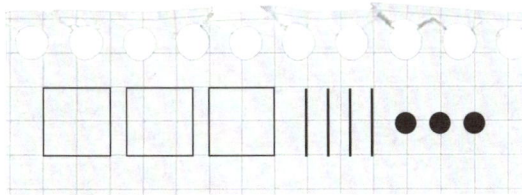

In der anderen Hälfte sind

_____ Kängurus.

c Leon zählt nun beide Angaben zusammen.

Zeichne und übertrage dann die Zahlen in das Stellenwerthaus.

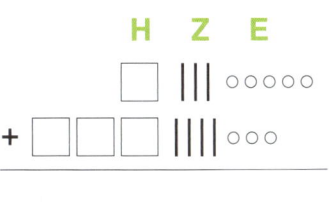

Tipp!

Beginne immer bei den Einern!

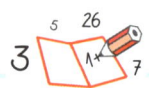

So rechnest du schriftlich.

Beispiel:
161 + 17   schreibe so:

	H	Z	E
	1	6	1
+		1	7

Zähle die untereinanderstehenden Ziffern zusammen und schreibe das Ergebnis in die Ergebniszeile.

Beginne immer mit den **Einern**.   **1E** + **7E** = **8E**
Nun rechne mit den **Zehnern**.   **6Z** + **1Z** = **7Z**
Nun rechne mit den **Hundertern**. **1H** + **0H** = **1H**

So sieht die Rechnung dann
auf deinem Blatt aus:

	H	Z	E
	1	6	1
+		1	7
	1	7	8

20 Hilf dem Wächter beim Zählen der anderen Tiere und rechne aus.

H	Z	E
2	1	1
+ 5	3	8

H	Z	E
3	2	4
+ 4	7	0

H	Z	E
5	7	1
+ 4	1	7

H	Z	E
4	2	6
+ 2	0	1

21 Schreibe untereinander und rechne schriftlich.

4 3 6 + 4 1	2 5 7 + 3 1 2	5 1 1 + 8 2	3 2 1 + 4 3 8

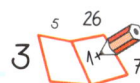

Schriftlich addieren (+) mit Übertrag

22 Wie viele Eidechsen haben Leon und sein Vater an den beiden Tagen gezählt?

Trage die Anzahl in Ziffern in das Stellenwerthaus rechts ein.
Nun zeichne die Gesamtzahl der Eidechsen in das
linke Stellenwerthaus und rechne dann schriftlich
im Stellenwerthaus rechts.

So rechnest du schriftlich.

Beispiel:

266 + 47   schreibe so:

$$\begin{array}{r} H\ Z\ E \\ 2\ 6\ 6 \\ +\quad 4\ 7 \\ \hline \end{array}$$

Beginne immer mit den **Einern**.   **6E + 7E = 13E**
                                             3E an

Wechsle **10 Einer** in **1 Zehner** um   **1Z** gemerkt
und notiere die Gemerktzahl bei
den Zehnern.

Nun rechne mit den **Zehnern**.   **6Z + 4Z + 1 gemerkter Z = 11Z**
                                             1Z an

Wechsle **10 Zehner** in **1 Hunderter** um   **1H** gemerkt
und notiere die Gemerktzahl bei den
Hundertern.

Nun rechne mit den **Hundertern**.   **2H + 1 gemerkter H = 3H**
                                             3H an

So sieht die Rechnung dann
auf deinem Blatt aus:

$$\begin{array}{r} H\ Z\ E \\ 2\ 6\ 6 \\ +\ {}_1 4\ {}_1 7 \\ \hline 3\ 1\ 3 \end{array}$$

23 Bist du schon ein „Gemerkt-Profi"? Rechne diese Aufgaben.

H	Z	E
3	4	2
+ 1	4	9

H	Z	E
2	6	7
+ 4	2	8

H	Z	E
3	7	9
+ 5	1	7

H	Z	E
1	9	9
+ 3	8	7

24 Kannst du diese Rechnungen für Leon lösen?

```
  2 1 4
  3 1 7
+ 1 2 2
```

```
  4 5 3
  1 4 6
+ 2 1 4
```

Tipp!
Vergiss nicht, dir die „Gemerkt-Zahl" zu notieren!

```
  1 8 9
  2 1 9
+ 1 3 2
```

```
  6 5 3
  1 0 2
+ 2 3 3
```

25 Aus Fehlern kannst du lernen. Erkläre den Fehler und rechne richtig.

a
```
  3 5 7
+ 2 3
  5 8 7
```

b
```
  7 5 0
+ 1 9 2
  8 4 2
```

c
```
    4 1 9
    1 2 4
+ 2 3₁9
    7 7 2
```

a _____

b _____

c _____

26 Rechne die Aufgaben schriftlich aus.

216 + 75   372 + 108   599 + 32

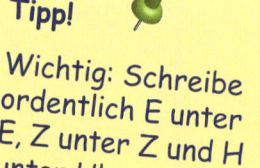

Tipp!
Wichtig: Schreibe ordentlich E unter E, Z unter Z und H unter H!

173 + 76 + 209   338 + 13 + 118   98 + 145 + 439

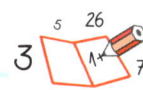

27 Löse die Aufgaben und entdecke, wer sich im Busch versteckt. Male die Felder mit den Lösungszahlen im Bild farbig aus.

3 2 7 + 4 5 0	5 0 9 + 4 9	2 6 7 + 7 1 2	3 9 9 + 6 0 1
2 1 6 + 6 3 2	5 6 8 + 4 2 0	3 6 9 + 6 1 5	4 4 8 + 3 0 9
2 0 8 + 5 9 8	2 7 0 + 2 3 9	4 1 9 + 3 9 9	8 1 4 + 9 8
2 8 1 + 1 0 9	5 3 0 + 2 5 9	2 1 7 + 4 8 5	4 3 8 + 2 1 0

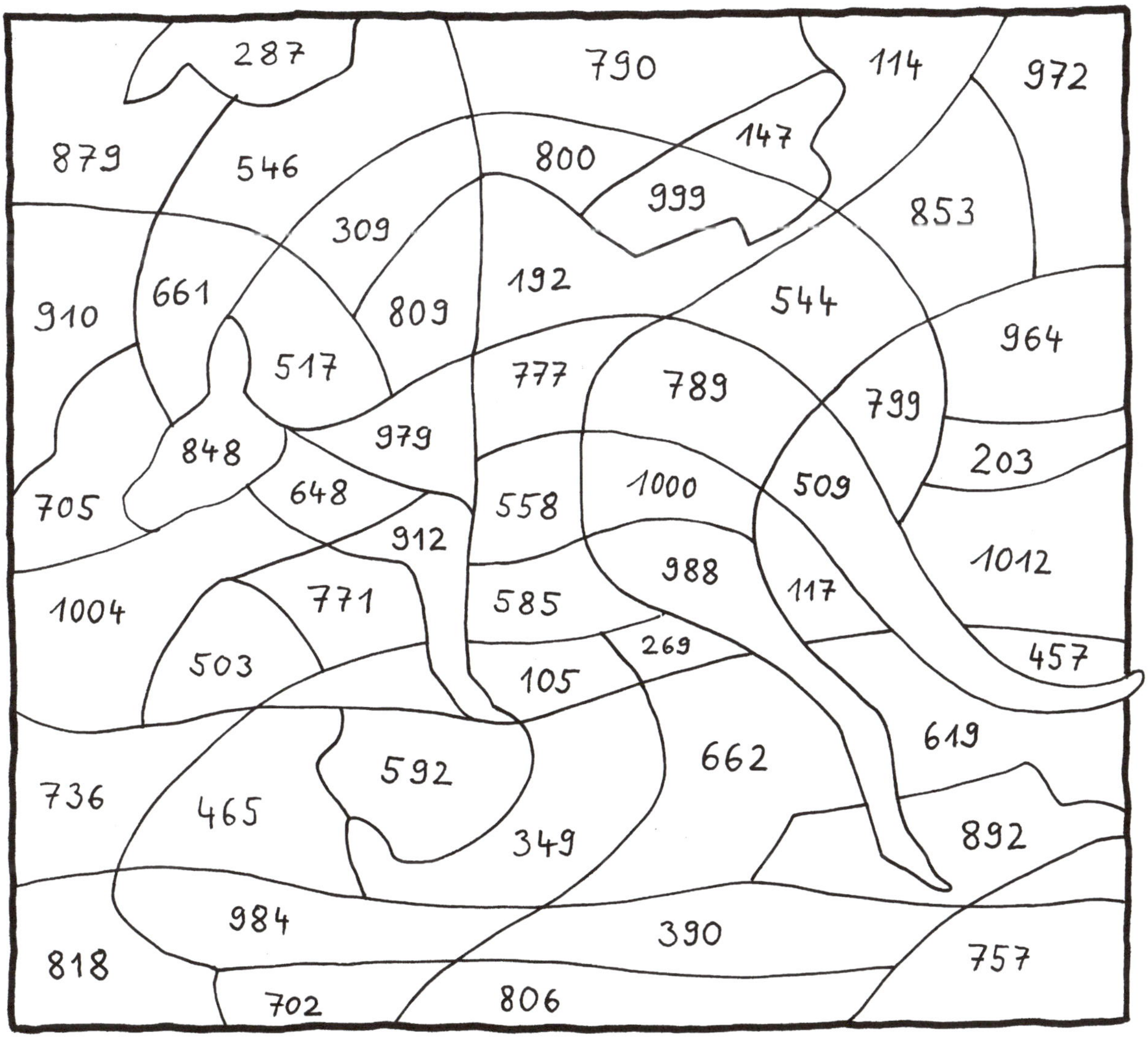

287 790 114 972
879 546 800 147 972
800 999 853
309 192 544
910 661 809 777 789 799 964
517 979 203
848 648 558 1000 509 1012
705 912 988 117
1004 771 585 269 457
503 105 619
736 465 592 662 892
349 390
984 757
818 702 806

15

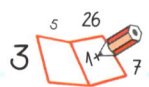

Knobelaufgaben

28 Löse die Zahlenrätsel.

a Eine Zahl heißt 32. Die gesuchte Zahl ist um 97 größer.

Die Zahl heißt: _____

b Meine Zahl erhalte ich, wenn ich zu 512 das Doppelte von 8 dazuzähle.

Die Zahl heißt: _____

29 Hier sind einige Ziffern verschwunden. Setze sie richtig ein.

```
  6 2 4            5 2 __            __ 4 5            __ 5 __
+ 1 __ 2         + __ 4 8          + 1 6 __          + 3 4 7
─────────        ─────────         ─────────         ─────────
 __ 6 __           9 __ 9            9 __ 7            8 __ 9
```

30 Anna hat 105 Murmeln in den Farben Rot, Grün und Blau. Sie hat doppelt so viele grüne wie blaue Murmeln und doppelt so viele rote wie grüne Murmeln.

Wie viele Murmeln hat sie von jeder Farbe?

Tipp!
Rechne zunächst mit einer beliebigen Anzahl blauer Murmeln. Probiere aus, ob die Aufgabe damit stimmt. Wenn nicht, probiere eine andere Zahl.

Sie hat _____ blaue, _____ grüne und _____ rote Murmeln.

STARK

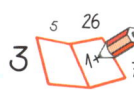

Schriftlich subtrahieren (−) ohne Übertrag

Anna war in den Ferien mit ihren Eltern in London. Dort haben sie eine wunderbare, große Bücherei besucht. Da Anna besonders gern Bücher über Zauberer liest, hat sie auch dort welche gesucht.

Mrs. Bookworm, die Bibliothekarin, teilte ihr mit, dass von 563 Büchern über Zauberer und Hexen im Moment 231 Bücher ausgeliehen sind.
Mrs. Bookworm rechnet 563 − 231 =
Anna kennt eine schnellere Methode: das schriftliche Abziehen.

Beim **schriftlichen Abziehen** rechnest du immer von oben nach unten.

Beispiel:
563 − 231   schreibe so:

```
    H Z E
    5 6 3
  − 2 3 1
```

Zuerst ziehst du die **E** der 2. Zahl von den **E** der 1. Zahl ab: **3E − 1E = 2E**
Dann ziehst du die **Z** der 2. Zahl von den **Z** der 1. Zahl ab: **6Z − 3Z = 3Z**
Zum Schluss ziehst du die **H** der 2. Zahl von den **H** der 1. Zahl ab: **5H − 2H = 3H**

So sieht die Rechnung dann
auf deinem Blatt aus:

```
    H Z E
    5 6 3
  − 2 3 1
    3 3 2
```

Anna hat ausgerechnet, dass noch 332 Bücher über Zauberer und Hexen in der Bücherei sind.

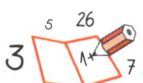

31 Schriftlich Abziehen ist keine Zauberei, das schaffst du auch!

a Rechne die Aufgaben und streiche die richtigen Ergebnisse rechts durch.

H Z E	H Z E
7 5 7	8 6 2
− 5 4 2	− 7 2 1

H Z E	H Z E
7 9 4	5 3 6
− 4 7 0	− 3 0 5

H Z E	H Z E
6 4 9	9 2 5
− 5 2 5	− 6 1 4

H Z E	H Z E
4 5 1	3 8 7
− 2 3 0	− 1 6 4

324
327
215
221
235
233
224
145
146
124
311
231
141
315
223

b Jetzt bist du schon sicherer und kannst auch ohne Stellenwerthaus rechnen.

6 4 8	5 0 7	7 8 4	6 8 9	4 9 7
− 4 2 5	− 2 0 4	− 5 7 1	− 2 5 3	− 1 7 1

5 6 9	9 7 6	4 8 3	8 2 9	5 4 8
− 3 1 5	− 6 2 5	− 1 6 1	− 4 0 6	− 2 2 3

3 5 1	8 2 9	5 3 1	7 9 8	5 0 8
− 2 1 0	− 4 1 6	− 1 2 1	− 4 7 3	− 1 0 3

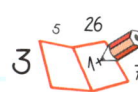
Schriftlich subtrahieren (−) mit Übertrag

Am Abend stellt Mrs. Bookworm fest: „Insgesamt sind jetzt von unseren 942 Kinder-
büchern 327 Bücher ausgeliehen." Sie rechnet wie Anna.

```
  H Z E
  9 4 2
− 3 2 7     Aber sie stellt fest: 2 E − 7 E kann man nicht rechnen!
```

Anna zeigt ihr, wie es geht.

Auch beim schriftlichen Abziehen mit Übertrag rechnest du immer von oben nach
unten.

Beispiel:
942 − 327

2 − 7 kannst du nicht rechnen. Also entbündelst du **1 Z**.
In der Rechnung notierst du dir den **entbündelten Z**.
Jetzt rechnest du 12 − 7 = 5. Dann rechnest du 4 − 1 − 2 = 1.
Den Rest kannst du wie gewohnt rechnen.

```
  H Z E
  9 4₁2
− 3 2 7
  6 1 5
```

Bei manchen Aufgaben musst du auch **1 H** entbündeln.

```
  H  Z  E
  6₁ 3₁ 2
− 3  7  5
  2  5  7
```

32 Das kannst du jetzt auch! Rechne die folgenden Aufgaben.

```
  H Z E          H Z E          H Z E
  5 6 3          7 2 6          8 5 2
− 3 4 6        − 2 6 1        − 3 4 4
```

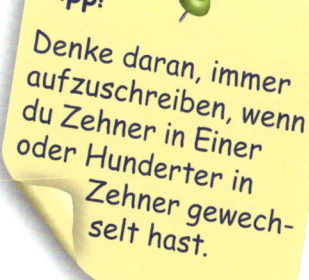

Tipp!

Denke daran, immer aufzuschreiben, wenn du Zehner in Einer oder Hunderter in Zehner gewechselt hast.

```
  H Z E          H Z E          H Z E
  9 7 1          4 3 2          3 3 7
− 7 4 5        −   5 9        − 1 8 1
```

33 Schreibe die Zahlen untereinander und rechne.

615 − 362   732 − 84   846 − 598   942 − 747

34 Als Hilfestellung kannst du beim Rechnen mitsprechen.

```
H Z E
6, 0, 3
− 2 5 8
  3 4 5
```

Sprich am besten so:

3 minus 8 geht nicht, **eins entbündeln**.

13 minus 8 gleich 5, 5 an.

0 minus 1 minus 5 geht nicht, **eins entbündeln**.

10 minus 1 minus 5 gleich 4, 4 an.

6 minus 1 minus 2 gleich 3, 3 an.

Rechne ebenso:

```
H Z E
8 0 0
− 5 7 2
```

____ E − ____ E geht nicht! Ich muss _____.

Dann rechne ich ____ minus ____ gleich ____, ____ an.

____ minus ____ minus ____ geht nicht, _____.

____ minus ____ minus ____ gleich ____, ____ an.

____ minus ____ minus ____ gleich ____, ____ an.

35 Rechne ohne Stellenwerthaus.

```
  6 8 9        3 8 6        7 0 4        9 5 7        7 4 2
− 5 9 3      − 1 5 8      − 4 8 6      − 6 8 9      − 3 8 6
```

```
  6 0 2        7 8 0        8 2 4        5 6 7        3 1 2
− 3 7 4      − 5 9 6      − 5 5 7      − 1 9 8      − 1 9 1
```

36 Aus Fehlern kannst du lernen!

a Finde die Aufgaben, die falsch gerechnet sind, und berichtige die Fehler.

```
    5 0 1        7 1 4        6 0 0        8 1 3        9 5 7
  - 2 6 4      - 3 6 7      - 4 7 1      -  6 9      - 4 9 2
  ─────────    ─────────    ─────────    ─────────    ─────────
    2 3 7        4 5 3        1 2 9        1 2 3        4 6 5


    7 9 3        9 0 5        5 9 1        6 4 5        8 0 7
  - 5 6 7      - 2 5 7      - 2 5 3      - 2 9 8      - 2 0 9
  ─────────    ─────────    ─────────    ─────────    ─────────
    2 3 6        6 4 8        3 4 8        3 4 7        6 0 8
```

b Kannst du erklären, wie die Fehler entstanden sind?
Schreibe die Erklärungen auf ein Nebenblatt.

37 Finde die Zauberzahlen.

a „Meine Zauberzahl erhältst du, wenn du
von der Zahl 629 die Zahl 487 abziehst."

Die Zauberzahl heißt: _____

b „Für meine Zauberzahl musst du von der Zahl 769 zuerst 493 abziehen und danach 147
abziehen."

Die Zauberzahl heißt: _____

38 Robert fragt seinen Freund: „Wie viele Seiten hast du noch zu lesen?"
Sein Freund antwortet: „Mein Buch hat 563 Seiten. 231 Seiten habe ich schon gelesen."

Antwort: _____

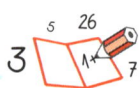

Knobelaufgaben

39 Robert behauptet: „Von meinem Buch, das 368 Seiten umfasst, habe ich schon 175 Seiten gelesen. Wenn ich heute und morgen jeweils 40 Seiten lese, habe ich noch weniger als 100 Seiten zum Lesen."

Stimmt das? Löse mithilfe des Diagramms.

gelesene Seiten	◯	lesen heute	◯	lesen morgen	=	gesamt gelesen

Buchseiten gesamt	◯	gelesene Seiten	=	übrige Seiten

175	◯	40	◯		=	

	◯		=	

Antwort: _____

40 Ergänze die fehlenden Zahlen und Rechenzeichen so, dass die Rechnungen in den Rechenquadraten stimmen.

40	+		=	
+		−		+
16	−		=	12
=		=		=
	+	23	=	

		−		=	39
	−		+		−
12	+		=	
	=		=		=
32			=	18

41 Gleiches Zeichen bedeutet gleiche Zahl.
Vervollständige die Aufgaben.

70 + ◆ = 150

20 + ✳ + ◆ = 140

◆ = _____   ✳ = _____

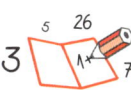

Das Einmaleins –
Verdoppeln, Kernaufgaben und Nachbaraufgaben

Lea war in den Ferien bei Freunden ihrer Eltern in Holland, dem Land mit den vielen Windmühlen. Die Freunde haben dort eine große Gärtnerei und verkaufen Blumen in die ganze Welt.
Die verschiedenen Blumenzwiebeln verkaufen sie in mehreren Packungsgrößen:
mit 1 Stück, mit 2 Stück, mit 5 Stück oder mit 10 Stück.

Kernaufgaben sind die Aufgaben der Einser-, Zweier-, Fünfer- und Zehnerreihe.
Du kannst sie ganz einfach berechnen.

Bei der **Zweierreihe** verdoppelst du jeweils die Zahl.
Das Doppelte einer Zahl ist die Zahl plus die Zahl selbst.
Beispiel:
$2 \cdot 4 = 4 + 4 = 8$

Bei der **Zehnerreihe** hängst du an eine Zahl einfach eine Null an.
Beispiel:
$10 \cdot 4 = 40$

Für die **Fünferreihe** halbierst du die Zehnerreihe.
Beispiel:
$10 \cdot 4 = 40 \qquad 40 : 2 = 20 \qquad 5 \cdot 4 = 20$

$1 \cdot 2 = 2 \qquad 2 \cdot 2 = 4 \qquad 5 \cdot 2 = 10 \qquad 10 \cdot 2 = 20$
verdoppeln — halbieren

$1 \cdot 3 = 3 \qquad 2 \cdot 3 = 6 \qquad 5 \cdot 3 = 15 \qquad 10 \cdot 3 = 30$
verdoppeln — halbieren

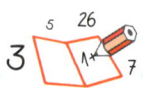

42 Berechne, wie viele Blumenzwiebeln die Freunde jeweils einpacken müssen.

$1 \cdot 4 = 4$	$2 \cdot 4 =$ _____	$5 \cdot 4 = 20$	$10 \cdot 4 =$ _____
$1 \cdot 5 = 5$	$2 \cdot 5 =$ _____	$5 \cdot 5 =$ _____	$10 \cdot 5 =$ _____
$1 \cdot 6 =$ _____	$2 \cdot 6 =$ _____	$5 \cdot 6 =$ _____	$10 \cdot 6 =$ _____
$1 \cdot 7 =$ _____	$2 \cdot 7 =$ _____	$5 \cdot 7 =$ _____	$10 \cdot 7 =$ _____
$1 \cdot 8 =$ _____	$2 \cdot 8 =$ _____	$5 \cdot 8 =$ _____	$10 \cdot 8 =$ _____
$1 \cdot 9 = 9$	_____	_____	_____
$1 \cdot 10 = 10$	_____	_____	_____

43 Berechne mithilfe der Nachbaraufgaben.

Wenn du die Kernaufgaben kennst, kannst du durch Plus- und Minusrechnen die vorhergehenden und nachfolgenden **Nachbaraufgaben** schnell herausbekommen.

Beispiel:

Nachbar-
aufgaben

$$8 \cdot 3 = 27 - 3 = 24$$
$$\uparrow$$
$$4 \cdot 3 = 15 - 3 = 12 \qquad 9 \cdot 3 = 30 - 3 = 27$$
$$\uparrow \qquad\qquad\qquad \uparrow$$

Kern-
aufgabe

$$\boxed{1 \cdot 3 = 3} \rightarrow \boxed{2 \cdot 3 = 6} \qquad \boxed{5 \cdot 3 = 15} \qquad \boxed{10 \cdot 3 = 30}$$
$$\downarrow \qquad\qquad \downarrow$$

Nachbar-
aufgaben

$$3 \cdot 3 = 6 + 3 = 9 \quad 6 \cdot 3 = 15 + 3 = 18$$
$$\downarrow$$
$$7 \cdot 3 = 18 + 3 = 21$$

a	$1 \cdot 4 = 4$	$2 \cdot 4 =$ _____	$3 \cdot 4 = 12$	$4 \cdot 4 =$ _____
b	$3 \cdot 5 = 15$	$4 \cdot 5 =$ _____	$5 \cdot 5 =$ _____	$6 \cdot 5 =$ _____
c	$1 \cdot 10 = 10$	_____	_____	_____
d	$5 \cdot 7 =$ _____	_____	_____	_____
e	_____	$4 \cdot 6 =$ _____	_____	_____
f	_____	_____	$3 \cdot 2 =$ _____	_____
g	_____	$6 \cdot 3 =$ _____	_____	_____
h	$5 \cdot 8 =$ _____	_____	_____	_____
i	_____	_____	_____	$8 \cdot 2 =$ _____
j	_____	$7 \cdot 1 =$ _____	_____	_____

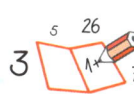

Das Einmaleins – Tauschaufgaben und Umkehraufgaben

44 Finde die Tausch- und Umkehraufgaben.

Zu jeder Einmaleinsaufgabe gibt es eine **Umkehraufgabe** und eine **Tauschaufgabe**.

Bei der **Umkehraufgabe** kannst du dein Ergebnis kontrollieren, indem du die umgekehrte Rechenoperation ausführst.
Mit der **Tauschaufgabe** vertauschst du die beiden Zahlen, die malgenommen oder addiert werden. Das Ergebnis bleibt gleich.

Beispiel: Tauschaufgabe

$$3 \cdot 8 = 24 \qquad 8 \cdot 3 = 24$$

Umkehraufgabe $24 : 8 = 3 \qquad 24 : 3 = 8$

Umkehraufgabe

Tauschaufgabe

$2 \cdot 5 = 10 \quad \longrightarrow \quad 10 : 5 = \underline{\qquad}$

$5 \cdot 2 = 10 \quad \longrightarrow \quad 10 : 2 = \underline{\qquad}$ **Tauschaufgabe**

$6 \cdot 8 = 48 \qquad\qquad 48 : \underline{\qquad} = \underline{\qquad}$

$\underline{\qquad\qquad} \qquad\qquad 48 : \underline{\qquad} = \underline{\qquad}$

$7 \cdot 4 = \underline{\qquad} \qquad\qquad \underline{\qquad\qquad}$

$\underline{\qquad\qquad} \qquad\qquad \underline{\qquad} \;\; \underline{\qquad}$

$9 \cdot 8 = \underline{\qquad} \qquad\qquad \underline{\qquad\qquad}$

$\underline{\qquad\qquad} \qquad\qquad \underline{\qquad\qquad}$

45 In den Blumen stecken immer zwei Malaufgaben und ihre Umkehraufgaben.
Finde sie und schreibe sie auf.

a

_____

_____

_____

b

c

d

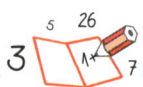
Teiler, Primzahlen und Vielfache

46 Finde alle Teiler.

Teiler nennt man die Zahlen, durch die man eine andere Zahl teilen kann.

Beispiel: Die Zahl 12 kannst du durch verschiedene Zahlen teilen:

12

1	**2**	**3**	**4**	**6**	**12**
12 : 1 = 12	12 : 2 = 6	12 : 3 = 4	12 : 4 = 3	12 : 6 = 2	12 : 12 = 1

1, 2, 3, 4, 6 und 12 sind die Teiler von 12.
Achtung: Jede Zahl hat 1 und sich selbst als Teiler!

a

10

10 : _____ = _____   10 : _____ = _____   10 : _____ = _____   10 : _____ = _____

Die Teiler von 10 heißen: _____

b

18

_____

Die Teiler von 18 heißen: _____

47 Finde alle Vielfachen.

Vielfache einer Zahl sind alle Zahlen, die man durch diese Zahl ohne Rest teilen kann.
Beispiel: 20, 24, 28, 40 sind Vielfache der Zahl 2.

a Finde aus dieser Reihe alle Vielfachen von 8 und kreise sie farbig ein:

1   4   8   10   16   23   40   53   80   88

b Finde fünf Vielfache von 6:

_____

48 Finde mindestens 3 weitere Primzahlen.

Primzahlen nennt man Zahlen, die nur durch 1 und durch sich selbst teilbar sind.
Beispiel: 1, 2, 3 und 5 sind Primzahlen.

1, 2, 3, 5, _____

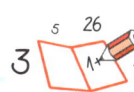

Multiplizieren und Dividieren mit Vielfachen von 10

Adriano war dieses Jahr in den Sommerferien nicht in Italien, sondern gemeinsam mit seiner Familie in Frankreich. Dort gab es zum Frühstück häufig Croissants und Baguettes aus der Bäckerei.

49 An einem Tag werden 10 Bleche Croissants in der Bäckerei gebacken. Auf einem Blech liegen 25 Croissants.

Jetzt kannst du sicher ausrechnen, wie viele Croissants an einem Tag gebacken werden.

Bei „· **10**" musst du nur **eine** Null anhängen.
Bei „· **100**" musst du nur **zwei** Nullen anhängen.

Rechnung: _____

Antwort: _____

50 Rechne die folgenden Aufgaben.

36 · 10 = _____	100 · 4 = _____	3 · 100 = _____
99 · 10 = _____	11 · 10 = _____	92 · 10 = _____
9 · 100 = _____	86 · 10 = _____	28 · 10 = _____
10 · 100 = _____	2 · 100 = _____	44 · 10 = _____

Tipp!

Denke immer an die Tauschaufgaben, zum Beispiel:
4 · 100 = 100 · 4

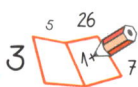

51 An einem Tag werden in der Bäckerei 150 Baguettes verkauft.
Auf einem Blech sind jeweils 10 Baguettes.

Jetzt kannst du sicher ausrechnen, wie viele Bleche mit Baguettes an einem Tag gebacken werden.

Bei „: **10**" musst du nur **eine** Null wegstreichen.
Bei „: **100**" musst du nur **zwei** Nullen wegstreichen.

Rechnung: _____

Antwort: _____

52 Rechne die folgenden Aufgaben. Die Lösungen findest du im Baguette.
Welche Lösung bleibt übrig?

990 : 10 = _____   630 : 10 = _____   200 : 10 = _____

800 : 10 = _____   500 : 100 = _____   600 : 100 = _____

150 : 10 = _____   900 : 100 = _____   510 : 10 = _____

200 : 100 = _____   900 : 10 = _____   100 : 10 = _____

2   6   10   90   51   99   5   80   7   20   63   15   9

Übrig bleibt die Zahl: _____

53 Vervollständige die Pfeilbilder.

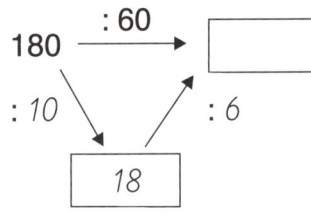

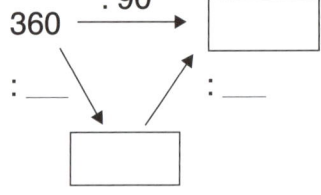

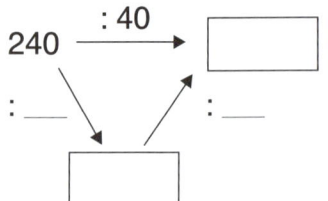

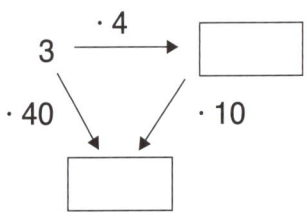

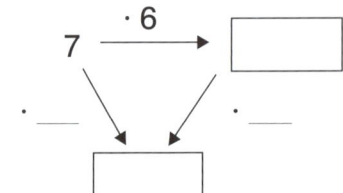

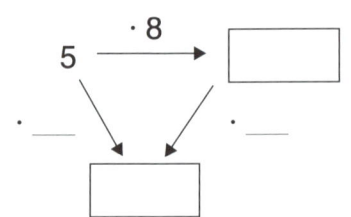

54 Fülle die Tabelle aus.

·	10	20	30	40	50	60	70	80	90	100
1										
2										
3										
4										
5										
6										
7										
8										
9										
10										

55 Immer vier Aufgaben gehören zusammen.
Male jedes der 11 Quartette mit einer anderen Farbe aus.

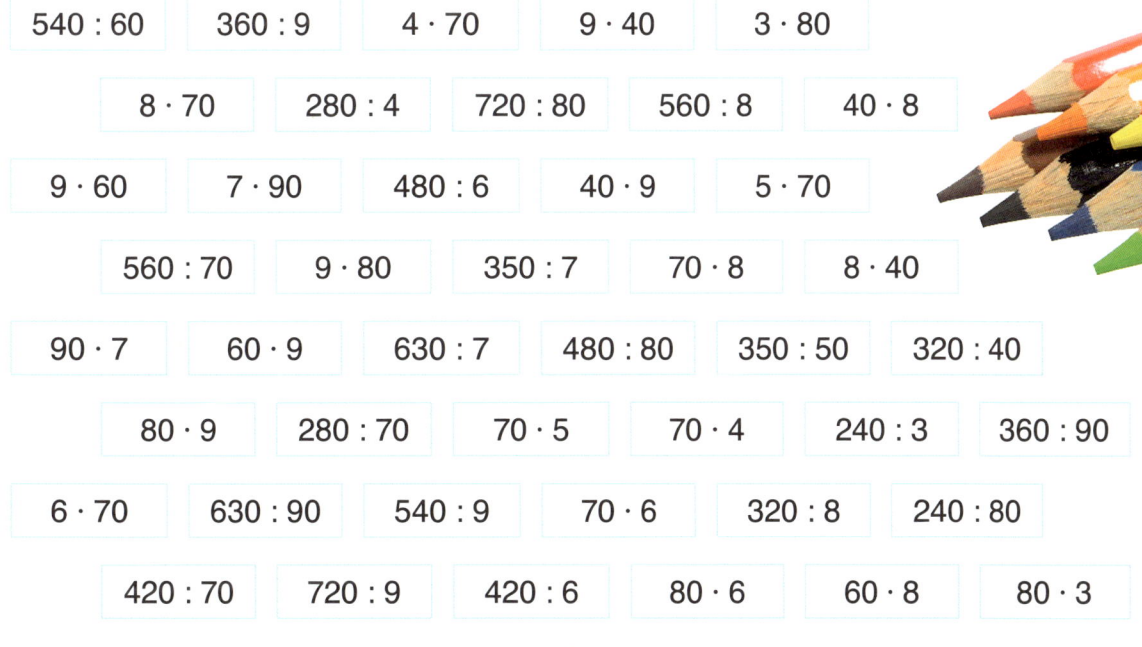

540 : 60	360 : 9	4 · 70	9 · 40	3 · 80
8 · 70	280 : 4	720 : 80	560 : 8	40 · 8
9 · 60	7 · 90	480 : 6	40 · 9	5 · 70
560 : 70	9 · 80	350 : 7	70 · 8	8 · 40
90 · 7	60 · 9	630 : 7	480 : 80	350 : 50	320 : 40
80 · 9	280 : 70	70 · 5	70 · 4	240 : 3	360 : 90
6 · 70	630 : 90	540 : 9	70 · 6	320 : 8	240 : 80
420 : 70	720 : 9	420 : 6	80 · 6	60 · 8	80 · 3

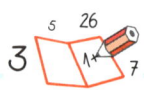

Dividieren mit Rest

56 Für eine Familienfeier werden bei der Bäckerei 33 Croissants bestellt.
In eine Schachtel passen immer 9 Stück.
Wie viele Schachteln können ganz gefüllt werden? Wie viele Croissants bleiben übrig?

Bei manchen Geteiltaufgaben bleibt ein **Rest**. Schreibe ihn hinter das Ergebnis.

Beispiel:
36 : 5 = 7, **1** bleibt als Rest   du schreibst so: 7 **R 1**

Rechnung: _____

Antwort: _____

57 Rechne aus und setze die fehlenden Aufgaben ein.

24 : 8 = *3*	25 : 5 = _____	72 : 9 = _____
29 : 8 = *3 R5*	28 : 5 = _____	80 : 9 = _____
_____	_____	_____
47 : 7 = _____	33 : 9 = _____	23 : 8 = _____
_____	_____	_____
29 : 5 = _____	39 : 4 = _____	21 : 2 = _____
_____	_____	_____
53 : 8 = _____	26 : 6 = _____	20 : 3 = _____

58 Zerlege die Aufgaben sinnvoll und rechne.

131 : 3 = _____	134 : 6 = _____	129 : 4 = _____
120 : 3 = *40*	120 : 6 = _____	_____
9 : 3 = *3*	12 : 6 = _____	_____
Rest = *2*	Rest = _____	
513 : 5 = _____	677 : 8 = _____	647 : 7 = _____
_____	_____	_____
_____	_____	_____
_____	_____	_____

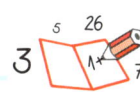

Gemischte Aufgaben

59 Setze richtig ein: <, >, =
Unter den Aufgaben hast du Platz, um die Zwischenergebnisse zu notieren.

250 + 50 ◯ 350 – 40　　　　　730 – 50 ◯ 610 + 70

_____ _____　　　　　　　_____ _____

263 + 40 ◯ 373 – 70　　　　　459 – 90 ◯ 307 + 50

_____ _____　　　　　　　_____ _____

526 – 40 – 9 ◯ 395 + 80 + 3　　521 – 318 ◯ 842 – 637

_____ _____　　　　　　　_____ _____

60 Bei folgenden Rechnungen musst du besonders auf die Regel „Punkt vor Strich"
achten.

> **„Punkt vor Strich"** bedeutet: Rechne immer zuerst die Mal- oder/und Geteilt-
> aufgaben, auch wenn sie an zweiter Stelle stehen.
>
> _Beispiel:_
> 25 + **3 · 2** = 25 + **6** = 31

234 + 3 · 4 = _____　　　67 + 5 · 50 = _____　　　503 + 7 · 8 = _____

879 – 5 · 4 = _____　　　365 – 7 · 9 = _____　　　489 – 3 · 6 = _____

4 · 60 + 28 = _____　　　847 – 7 · 3 = _____　　　551 + 8 · 5 = _____

3 · 9 + 8 · 2 + 500 = _____　　850 – 7 · 5 – 4 · 4 = _____　　7 · 40 + 89 = _____

420 + 9 · 6 – 3 · 8 = _____　　6 · 8 + 240 – 2 · 9 = _____　　238 – 7 · 9 = _____

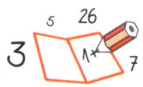
61 Löse die Aufgaben. Streiche die richtigen Ergebnisse unten durch.

	$3 \cdot 40 = ?$	$240 : 8 = ?$
Rechne zuerst die kleine Aufgabe:	$3 \cdot 4 = 12$	$24 : 8 = 3$
Dann rechne die große Aufgabe:	$3 \cdot 40 = 120$	$240 : 8 = 30$

große Aufgabe:

$120 : 6 =$ _____ $630 : 7 =$ _____ $300 : 6 =$ _____

kleine Aufgabe:

$12 : 6 \ =$ _____ $63 : 7 \ =$ _____ $30 : 6 \ =$ _____

große Aufgabe:

$270 : 9 =$ _____ $150 : 3 =$ _____ $120 : 2 =$ _____

kleine Aufgabe:

_____   _____   _____

Jetzt rechne ohne die kleine Aufgabe. Vergiss nicht, die richtigen Ergebnisse weiterhin durchzustreichen.

$450 : \ 9 =$ _____

$\ 30 \cdot \ 5 =$ _____

$420 : \ 7 =$ _____

$420 : 60 =$ _____

$810 : 90 =$ _____

$\ 6 \cdot 70 =$ _____

$180 : \ 2 =$ _____

$\ 80 \cdot \ 2 =$ _____

$640 : 80 =$ _____

$\ 9 \cdot 30 =$ _____

$210 : 30 =$ _____

5   60   **420**   60   80   7   9   90   50   8   60   220   7   6   14   **3**   2   90   20   9   30   **5**   50   *150*   *100*   270   50

Addiere alle Zahlen, die du nicht durchgestrichen hast. Welches Ergebnis erhältst du?

_____